Date_____

RESTAURANT RESERVATION LOG		
Time		Notes
Name		
Phone No		
Table Number		
Type of Reservation	O Breakfast O Lunch O Dinner	
Expected No of Persons		
Status	O Pending O Done	
Sign		

RESTAURANT RESERVATION LOG		
Time		Notes
Name		
Phone No		
Table Number		
Type of Reservation	O Breakfast O Lunch O Dinner	
Expected No of Persons		
Status	O Pending O Done	
Sign		

Date_____

RESTAURANT RESERVATION LOG		
Time		Notes
Name		
Phone No		
Table Number		
Type of Reservation	O Breakfast O Lunch O Dinner	
Expected No of Persons		
Status	O Pending O Done	
Sign		

RESTAURANT RESERVATION LOG		
Time		Notes
Name		
Phone No		
Table Number		
Type of Reservation	O Breakfast O Lunch O Dinner	
Expected No of Persons		
Status	O Pending O Done	
Sign		

THIS BOOK BELONGS TO

_____

Phone: _____

E-mail: _____

Date_____

RESTAURANT RESERVATION LOG		
Time		Notes
Name		
Phone No		
Table Number		
Type of Reservation	O Breakfast O Lunch O Dinner	
Expected No of Persons		
Status	O Pending O Done	
Sign		

RESTAURANT RESERVATION LOG		
Time		Notes
Name		
Phone No		
Table Number		
Type of Reservation	O Breakfast O Lunch O Dinner	
Expected No of Persons		
Status	O Pending O Done	
Sign		

Date_____

RESTAURANT RESERVATION LOG

Time		Notes
Name		
Phone No		
Table Number		
Type of Reservation	O Breakfast O Lunch O Dinner	
Expected No of Persons		
Status	O Pending O Done	
Sign		

RESTAURANT RESERVATION LOG

Time		Notes
Name		
Phone No		
Table Number		
Type of Reservation	O Breakfast O Lunch O Dinner	
Expected No of Persons		
Status	O Pending O Done	
Sign		

Date_____

RESTAURANT RESERVATION LOG

Time		Notes
Name		
Phone No		
Table Number		
Type of Reservation	O *Breakfast* O *Lunch* O *Dinner*	
Expected No of Persons		
Status	O *Pending* O *Done*	
Sign		

RESTAURANT RESERVATION LOG

Time		Notes
Name		
Phone No		
Table Number		
Type of Reservation	O *Breakfast* O *Lunch* O *Dinner*	
Expected No of Persons		
Status	O *Pending* O *Done*	
Sign		

Date_____

RESTAURANT RESERVATION LOG

Time		Notes
Name		
Phone No		
Table Number		
Type of Reservation	O Breakfast O Lunch O Dinner	
Expected No of Persons		
Status	O Pending O Done	
Sign		

RESTAURANT RESERVATION LOG

Time		Notes
Name		
Phone No		
Table Number		
Type of Reservation	O Breakfast O Lunch O Dinner	
Expected No of Persons		
Status	O Pending O Done	
Sign		

Date_____

RESTAURANT RESERVATION LOG

Time		Notes
Name		
Phone No		
Table Number		
Type of Reservation	O *Breakfast* O *Lunch* O *Dinner*	
Expected No of Persons		
Status	O *Pending* O *Done*	
Sign		

RESTAURANT RESERVATION LOG

Time		Notes
Name		
Phone No		
Table Number		
Type of Reservation	O *Breakfast* O *Lunch* O *Dinner*	
Expected No of Persons		
Status	O *Pending* O *Done*	
Sign		

Date_____

RESTAURANT RESERVATION LOG		
Time		Notes
Name		
Phone No		
Table Number		
Type of Reservation	O Breakfast O Lunch O Dinner	
Expected No of Persons		
Status	O Pending O Done	
Sign		

RESTAURANT RESERVATION LOG		
Time		Notes
Name		
Phone No		
Table Number		
Type of Reservation	O Breakfast O Lunch O Dinner	
Expected No of Persons		
Status	O Pending O Done	
Sign		

Date_____

RESTAURANT RESERVATION LOG		
Time		Notes
Name		
Phone No		
Table Number		
Type of Reservation	O *Breakfast* O *Lunch* O *Dinner*	
Expected No of Persons		
Status	O *Pending* O *Done*	
Sign		

RESTAURANT RESERVATION LOG		
Time		Notes
Name		
Phone No		
Table Number		
Type of Reservation	O *Breakfast* O *Lunch* O *Dinner*	
Expected No of Persons		
Status	O *Pending* O *Done*	
Sign		

Date_____

RESTAURANT RESERVATION LOG

Time		Notes
Name		
Phone No		
Table Number		
Type of Reservation	O *Breakfast* O *Lunch* O *Dinner*	
Expected No of Persons		
Status	O *Pending* O *Done*	
Sign		

RESTAURANT RESERVATION LOG

Time		Notes
Name		
Phone No		
Table Number		
Type of Reservation	O *Breakfast* O *Lunch* O *Dinner*	
Expected No of Persons		
Status	O *Pending* O *Done*	
Sign		

Date_____

RESTAURANT RESERVATION LOG			
Time		Notes
Name		
Phone No		
Table Number		
Type of Reservation	O Breakfast O Lunch O Dinner	
Expected No of Persons		
Status	O Pending O Done	
Sign		

RESTAURANT RESERVATION LOG			
Time		Notes
Name		
Phone No		
Table Number		
Type of Reservation	O Breakfast O Lunch O Dinner	
Expected No of Persons		
Status	O Pending O Done	
Sign		

Date_____

RESTAURANT RESERVATION LOG		
Time		Notes
Name		
Phone No		
Table Number		
Type of Reservation	O Breakfast O Lunch O Dinner	
Expected No of Persons		
Status	O Pending O Done	
Sign		

RESTAURANT RESERVATION LOG		
Time		Notes
Name		
Phone No		
Table Number		
Type of Reservation	O Breakfast O Lunch O Dinner	
Expected No of Persons		
Status	O Pending O Done	
Sign		

Date_____

RESTAURANT RESERVATION LOG		
Time		Notes
Name		
Phone No		
Table Number		
Type of Reservation	O *Breakfast* O *Lunch* O *Dinner*	
Expected No of Persons		
Status	O *Pending* O *Done*	
Sign		

RESTAURANT RESERVATION LOG		
Time		Notes
Name		
Phone No		
Table Number		
Type of Reservation	O *Breakfast* O *Lunch* O *Dinner*	
Expected No of Persons		
Status	O *Pending* O *Done*	
Sign		

Date_____

RESTAURANT RESERVATION LOG		
Time		Notes
Name		
Phone No		
Table Number		
Type of Reservation	O Breakfast O Lunch O Dinner	
Expected No of Persons		
Status	O Pending O Done	
Sign		

RESTAURANT RESERVATION LOG		
Time		Notes
Name		
Phone No		
Table Number		
Type of Reservation	O Breakfast O Lunch O Dinner	
Expected No of Persons		
Status	O Pending O Done	
Sign		

Date_____

RESTAURANT RESERVATION LOG		
Time		Notes
Name		
Phone No		
Table Number		
Type of Reservation	O Breakfast O Lunch O Dinner	
Expected No of Persons		
Status	O Pending O Done	
Sign		

RESTAURANT RESERVATION LOG		
Time		Notes
Name		
Phone No		
Table Number		
Type of Reservation	O Breakfast O Lunch O Dinner	
Expected No of Persons		
Status	O Pending O Done	
Sign		

Date_____

RESTAURANT RESERVATION LOG		
Time		Notes
Name		
Phone No		
Table Number		
Type of Reservation	O Breakfast O Lunch O Dinner	
Expected No of Persons		
Status	O Pending O Done	
Sign		

RESTAURANT RESERVATION LOG		
Time		Notes
Name		
Phone No		
Table Number		
Type of Reservation	O Breakfast O Lunch O Dinner	
Expected No of Persons		
Status	O Pending O Done	
Sign		

Date_____

RESTAURANT RESERVATION LOG		
Time		Notes
Name		
Phone No		
Table Number		
Type of Reservation	O *Breakfast* O *Lunch* O *Dinner*	
Expected No of Persons		
Status	O *Pending* O *Done*	
Sign		

RESTAURANT RESERVATION LOG		
Time		Notes
Name		
Phone No		
Table Number		
Type of Reservation	O *Breakfast* O *Lunch* O *Dinner*	
Expected No of Persons		
Status	O *Pending* O *Done*	
Sign		

Date_____

RESTAURANT RESERVATION LOG		
Time		Notes
Name		
Phone No		
Table Number		
Type of Reservation	O Breakfast O Lunch O Dinner	
Expected No of Persons		
Status	O Pending O Done	
Sign		

RESTAURANT RESERVATION LOG		
Time		Notes
Name		
Phone No		
Table Number		
Type of Reservation	O Breakfast O Lunch O Dinner	
Expected No of Persons		
Status	O Pending O Done	
Sign		

Date_____

RESTAURANT RESERVATION LOG			
Time		Notes
Name		
Phone No		
Table Number		
Type of Reservation	○ Breakfast ○ Lunch ○ Dinner	
Expected No of Persons		
Status	○ Pending ○ Done	
Sign		

RESTAURANT RESERVATION LOG			
Time		Notes
Name		
Phone No		
Table Number		
Type of Reservation	○ Breakfast ○ Lunch ○ Dinner	
Expected No of Persons		
Status	○ Pending ○ Done	
Sign		

Date_____

RESTAURANT RESERVATION LOG		
Time		Notes
Name		
Phone No		
Table Number		
Type of Reservation	O Breakfast O Lunch O Dinner	
Expected No of Persons		
Status	O Pending O Done	
Sign		

RESTAURANT RESERVATION LOG		
Time		Notes
Name		
Phone No		
Table Number		
Type of Reservation	O Breakfast O Lunch O Dinner	
Expected No of Persons		
Status	O Pending O Done	
Sign		

Date_____

RESTAURANT RESERVATION LOG		
Time		Notes
Name		
Phone No		
Table Number		
Type of Reservation	O *Breakfast* O *Lunch* O *Dinner*	
Expected No of Persons		
Status	O *Pending* O *Done*	
Sign		

RESTAURANT RESERVATION LOG		
Time		Notes
Name		
Phone No		
Table Number		
Type of Reservation	O *Breakfast* O *Lunch* O *Dinner*	
Expected No of Persons		
Status	O *Pending* O *Done*	
Sign		

Date_____

RESTAURANT RESERVATION LOG

Time		Notes
Name		
Phone No		
Table Number		
Type of Reservation	O Breakfast O Lunch O Dinner	
Expected No of Persons		
Status	O Pending O Done	
Sign		

RESTAURANT RESERVATION LOG

Time		Notes
Name		
Phone No		
Table Number		
Type of Reservation	O Breakfast O Lunch O Dinner	
Expected No of Persons		
Status	O Pending O Done	
Sign		

Date_____

RESTAURANT RESERVATION LOG		
Time		Notes
Name		
Phone No		
Table Number		
Type of Reservation	O *Breakfast* O *Lunch* O *Dinner*	
Expected No of Persons		
Status	O *Pending* O *Done*	
Sign		

RESTAURANT RESERVATION LOG		
Time		Notes
Name		
Phone No		
Table Number		
Type of Reservation	O *Breakfast* O *Lunch* O *Dinner*	
Expected No of Persons		
Status	O *Pending* O *Done*	
Sign		

Date_____

RESTAURANT RESERVATION LOG		
Time		Notes
Name		
Phone No		
Table Number		
Type of Reservation	O Breakfast O Lunch O Dinner	
Expected No of Persons		
Status	O Pending O Done	
Sign		

RESTAURANT RESERVATION LOG		
Time		Notes
Name		
Phone No		
Table Number		
Type of Reservation	O Breakfast O Lunch O Dinner	
Expected No of Persons		
Status	O Pending O Done	
Sign		

Date_____

RESTAURANT RESERVATION LOG

Time		Notes
Name		
Phone No		
Table Number		
Type of Reservation	O *Breakfast* O *Lunch* O *Dinner*	
Expected No of Persons		
Status	O *Pending* O *Done*	
Sign		

RESTAURANT RESERVATION LOG

Time		Notes
Name		
Phone No		
Table Number		
Type of Reservation	O *Breakfast* O *Lunch* O *Dinner*	
Expected No of Persons		
Status	O *Pending* O *Done*	
Sign		

Date_____

RESTAURANT RESERVATION LOG		
Time		Notes
Name		
Phone No		
Table Number		
Type of Reservation	O Breakfast O Lunch O Dinner	
Expected No of Persons		
Status	O Pending O Done	
Sign		

RESTAURANT RESERVATION LOG		
Time		Notes
Name		
Phone No		
Table Number		
Type of Reservation	O Breakfast O Lunch O Dinner	
Expected No of Persons		
Status	O Pending O Done	
Sign		

Date_____

RESTAURANT RESERVATION LOG		
Time		Notes
Name		
Phone No		
Table Number		
Type of Reservation	O *Breakfast* O *Lunch* O *Dinner*	
Expected No of Persons		
Status	O *Pending* O *Done*	
Sign		

RESTAURANT RESERVATION LOG		
Time		Notes
Name		
Phone No		
Table Number		
Type of Reservation	O *Breakfast* O *Lunch* O *Dinner*	
Expected No of Persons		
Status	O *Pending* O *Done*	
Sign		

Date_____

RESTAURANT RESERVATION LOG

Time		Notes
Name		
Phone No		
Table Number		
Type of Reservation	O Breakfast O Lunch O Dinner	
Expected No of Persons		
Status	O Pending O Done	
Sign		

RESTAURANT RESERVATION LOG

Time		Notes
Name		
Phone No		
Table Number		
Type of Reservation	O Breakfast O Lunch O Dinner	
Expected No of Persons		
Status	O Pending O Done	
Sign		

Date_____

\multicolumn{3}{c}{RESTAURANT RESERVATION LOG}		
Time		Notes
Name		
Phone No		
Table Number		
Type of Reservation	O Breakfast O Lunch O Dinner	
Expected No of Persons		
Status	O Pending O Done	
Sign		

\multicolumn{3}{c}{RESTAURANT RESERVATION LOG}		
Time		Notes
Name		
Phone No		
Table Number		
Type of Reservation	O Breakfast O Lunch O Dinner	
Expected No of Persons		
Status	O Pending O Done	
Sign		

Date_____

RESTAURANT RESERVATION LOG		
Time		Notes
Name		
Phone No		
Table Number		
Type of Reservation	O Breakfast O Lunch O Dinner	
Expected No of Persons		
Status	O Pending O Done	
Sign		

RESTAURANT RESERVATION LOG		
Time		Notes
Name		
Phone No		
Table Number		
Type of Reservation	O Breakfast O Lunch O Dinner	
Expected No of Persons		
Status	O Pending O Done	
Sign		

Date_____

\	RESTAURANT RESERVATION LOG	
Time		Notes
Name		
Phone No		
Table Number		
Type of Reservation	O *Breakfast* O *Lunch* O *Dinner*	
Expected No of Persons		
Status	O *Pending* O *Done*	
Sign		

\	RESTAURANT RESERVATION LOG	
Time		Notes
Name		
Phone No		
Table Number		
Type of Reservation	O *Breakfast* O *Lunch* O *Dinner*	
Expected No of Persons		
Status	O *Pending* O *Done*	
Sign		

Date_____

RESTAURANT RESERVATION LOG

Time		Notes
Name		
Phone No		
Table Number		
Type of Reservation	O *Breakfast* O *Lunch* O *Dinner*	
Expected No of Persons		
Status	O *Pending* O *Done*	
Sign		

RESTAURANT RESERVATION LOG

Time		Notes
Name		
Phone No		
Table Number		
Type of Reservation	O *Breakfast* O *Lunch* O *Dinner*	
Expected No of Persons		
Status	O *Pending* O *Done*	
Sign		

Date_____

RESTAURANT RESERVATION LOG

Time		Notes
Name		
Phone No		
Table Number		
Type of Reservation	○ Breakfast ○ Lunch ○ Dinner	
Expected No of Persons		
Status	○ Pending ○ Done	
Sign		

RESTAURANT RESERVATION LOG

Time		Notes
Name		
Phone No		
Table Number		
Type of Reservation	○ Breakfast ○ Lunch ○ Dinner	
Expected No of Persons		
Status	○ Pending ○ Done	
Sign		

Date_____

RESTAURANT RESERVATION LOG

Time		Notes
Name		
Phone No		
Table Number		
Type of Reservation	O Breakfast O Lunch O Dinner	
Expected No of Persons		
Status	O Pending O Done	
Sign		

RESTAURANT RESERVATION LOG

Time		Notes
Name		
Phone No		
Table Number		
Type of Reservation	O Breakfast O Lunch O Dinner	
Expected No of Persons		
Status	O Pending O Done	
Sign		

Date_____

RESTAURANT RESERVATION LOG		
Time		Notes
Name		
Phone No		
Table Number		
Type of Reservation	O Breakfast O Lunch O Dinner	
Expected No of Persons		
Status	O Pending O Done	
Sign		

RESTAURANT RESERVATION LOG		
Time		Notes
Name		
Phone No		
Table Number		
Type of Reservation	O Breakfast O Lunch O Dinner	
Expected No of Persons		
Status	O Pending O Done	
Sign		

Date_____

	RESTAURANT RESERVATION LOG	
Time		Notes
Name		
Phone No		
Table Number		
Type of Reservation	O Breakfast O Lunch O Dinner	
Expected No of Persons		
Status	O Pending O Done	
Sign		

	RESTAURANT RESERVATION LOG	
Time		Notes
Name		
Phone No		
Table Number		
Type of Reservation	O Breakfast O Lunch O Dinner	
Expected No of Persons		
Status	O Pending O Done	
Sign		

Date_____

RESTAURANT RESERVATION LOG

Time		Notes
Name		
Phone No		
Table Number		
Type of Reservation	○ Breakfast ○ Lunch ○ Dinner	
Expected No of Persons		
Status	○ Pending ○ Done	
Sign		

RESTAURANT RESERVATION LOG

Time		Notes
Name		
Phone No		
Table Number		
Type of Reservation	○ Breakfast ○ Lunch ○ Dinner	
Expected No of Persons		
Status	○ Pending ○ Done	
Sign		

Date_____

|	RESTAURANT RESERVATION LOG	
Time		Notes
Name		
Phone No		
Table Number		
Type of Reservation	○ *Breakfast* ○ *Lunch* ○ *Dinner*	
Expected No of Persons		
Status	○ *Pending* ○ *Done*	
Sign		

|	RESTAURANT RESERVATION LOG	
Time		Notes
Name		
Phone No		
Table Number		
Type of Reservation	○ *Breakfast* ○ *Lunch* ○ *Dinner*	
Expected No of Persons		
Status	○ *Pending* ○ *Done*	
Sign		

Date_____

RESTAURANT RESERVATION LOG		
Time		Notes
Name		
Phone No		
Table Number		
Type of Reservation	O *Breakfast* O *Lunch* O *Dinner*	
Expected No of Persons		
Status	O *Pending* O *Done*	
Sign		

RESTAURANT RESERVATION LOG		
Time		Notes
Name		
Phone No		
Table Number		
Type of Reservation	O *Breakfast* O *Lunch* O *Dinner*	
Expected No of Persons		
Status	O *Pending* O *Done*	
Sign		

Date_____

RESTAURANT RESERVATION LOG		
Time		Notes
Name		
Phone No		
Table Number		
Type of Reservation	O Breakfast O Lunch O Dinner	
Expected No of Persons		
Status	O Pending O Done	
Sign		

RESTAURANT RESERVATION LOG		
Time		Notes
Name		
Phone No		
Table Number		
Type of Reservation	O Breakfast O Lunch O Dinner	
Expected No of Persons		
Status	O Pending O Done	
Sign		

Date_____

RESTAURANT RESERVATION LOG

Time		Notes
Name		
Phone No		
Table Number		
Type of Reservation	O Breakfast O Lunch O Dinner	
Expected No of Persons		
Status	O Pending O Done	
Sign		

RESTAURANT RESERVATION LOG

Time		Notes
Name		
Phone No		
Table Number		
Type of Reservation	O Breakfast O Lunch O Dinner	
Expected No of Persons		
Status	O Pending O Done	
Sign		

Date_____

RESTAURANT RESERVATION LOG

Time		Notes
Name		
Phone No		
Table Number		
Type of Reservation	○ Breakfast ○ Lunch ○ Dinner	
Expected No of Persons		
Status	○ Pending ○ Done	
Sign		

RESTAURANT RESERVATION LOG

Time		Notes
Name		
Phone No		
Table Number		
Type of Reservation	○ Breakfast ○ Lunch ○ Dinner	
Expected No of Persons		
Status	○ Pending ○ Done	
Sign		

Date_____

RESTAURANT RESERVATION LOG		
Time		Notes
Name		
Phone No		
Table Number		
Type of Reservation	O Breakfast O Lunch O Dinner	
Expected No of Persons		
Status	O Pending O Done	
Sign		

RESTAURANT RESERVATION LOG		
Time		Notes
Name		
Phone No		
Table Number		
Type of Reservation	O Breakfast O Lunch O Dinner	
Expected No of Persons		
Status	O Pending O Done	
Sign		

Date_____

RESTAURANT RESERVATION LOG		
Time		Notes
Name		
Phone No		
Table Number		
Type of Reservation	O Breakfast O Lunch O Dinner	
Expected No of Persons		
Status	O Pending O Done	
Sign		

RESTAURANT RESERVATION LOG		
Time		Notes
Name		
Phone No		
Table Number		
Type of Reservation	O Breakfast O Lunch O Dinner	
Expected No of Persons		
Status	O Pending O Done	
Sign		

Date_____

\	RESTAURANT RESERVATION LOG	
Time		Notes
Name		
Phone No		
Table Number		
Type of Reservation	○ Breakfast ○ Lunch ○ Dinner	
Expected No of Persons		
Status	○ Pending ○ Done	
Sign		

\	RESTAURANT RESERVATION LOG	
Time		Notes
Name		
Phone No		
Table Number		
Type of Reservation	○ Breakfast ○ Lunch ○ Dinner	
Expected No of Persons		
Status	○ Pending ○ Done	
Sign		

Date_____

RESTAURANT RESERVATION LOG

Time		Notes
Name		
Phone No		
Table Number		
Type of Reservation	O Breakfast O Lunch O Dinner	
Expected No of Persons		
Status	O Pending O Done	
Sign		

RESTAURANT RESERVATION LOG

Time		Notes
Name		
Phone No		
Table Number		
Type of Reservation	O Breakfast O Lunch O Dinner	
Expected No of Persons		
Status	O Pending O Done	
Sign		

Date_____

RESTAURANT RESERVATION LOG		
Time		Notes
Name		
Phone No		
Table Number		
Type of Reservation	O *Breakfast* O *Lunch* O *Dinner*	
Expected No of Persons		
Status	O *Pending* O *Done*	
Sign		

RESTAURANT RESERVATION LOG		
Time		Notes
Name		
Phone No		
Table Number		
Type of Reservation	O *Breakfast* O *Lunch* O *Dinner*	
Expected No of Persons		
Status	O *Pending* O *Done*	
Sign		

Date_____

RESTAURANT RESERVATION LOG		
Time		Notes
Name		
Phone No		
Table Number		
Type of Reservation	O *Breakfast* O *Lunch* O *Dinner*	
Expected No of Persons		
Status	O *Pending* O *Done*	
Sign		

RESTAURANT RESERVATION LOG		
Time		Notes
Name		
Phone No		
Table Number		
Type of Reservation	O *Breakfast* O *Lunch* O *Dinner*	
Expected No of Persons		
Status	O *Pending* O *Done*	
Sign		

Date_____

RESTAURANT RESERVATION LOG

Time		Notes
Name		
Phone No		
Table Number		
Type of Reservation	O Breakfast O Lunch O Dinner	
Expected No of Persons		
Status	O Pending O Done	
Sign		

RESTAURANT RESERVATION LOG

Time		Notes
Name		
Phone No		
Table Number		
Type of Reservation	O Breakfast O Lunch O Dinner	
Expected No of Persons		
Status	O Pending O Done	
Sign		

Date_____

\multicolumn{2}{c	}{RESTAURANT RESERVATION LOG}	Notes
Time		Notes
Name		
Phone No		
Table Number		
Type of Reservation	○ Breakfast ○ Lunch ○ Dinner	
Expected No of Persons		
Status	○ Pending ○ Done	
Sign		

\multicolumn{2}{c	}{RESTAURANT RESERVATION LOG}	Notes
Time		Notes
Name		
Phone No		
Table Number		
Type of Reservation	○ Breakfast ○ Lunch ○ Dinner	
Expected No of Persons		
Status	○ Pending ○ Done	
Sign		

Date_____

RESTAURANT RESERVATION LOG

Time		Notes
Name		
Phone No		
Table Number		
Type of Reservation	O Breakfast O Lunch O Dinner	
Expected No of Persons		
Status	O Pending O Done	
Sign		

RESTAURANT RESERVATION LOG

Time		Notes
Name		
Phone No		
Table Number		
Type of Reservation	O Breakfast O Lunch O Dinner	
Expected No of Persons		
Status	O Pending O Done	
Sign		

Date_____

RESTAURANT RESERVATION LOG		
Time		Notes
Name		
Phone No		
Table Number		
Type of Reservation	O Breakfast O Lunch O Dinner	
Expected No of Persons		
Status	O Pending O Done	
Sign		

RESTAURANT RESERVATION LOG		
Time		Notes
Name		
Phone No		
Table Number		
Type of Reservation	O Breakfast O Lunch O Dinner	
Expected No of Persons		
Status	O Pending O Done	
Sign		

Date_____

RESTAURANT RESERVATION LOG

Time		Notes
Name		
Phone No		
Table Number		
Type of Reservation	O *Breakfast* O *Lunch* O *Dinner*	
Expected No of Persons		
Status	O *Pending* O *Done*	
Sign		

RESTAURANT RESERVATION LOG

Time		Notes
Name		
Phone No		
Table Number		
Type of Reservation	O *Breakfast* O *Lunch* O *Dinner*	
Expected No of Persons		
Status	O *Pending* O *Done*	
Sign		

Date_____

RESTAURANT RESERVATION LOG		
Time		Notes
Name		
Phone No		
Table Number		
Type of Reservation	O Breakfast O Lunch O Dinner	
Expected No of Persons		
Status	O Pending O Done	
Sign		

RESTAURANT RESERVATION LOG		
Time		Notes
Name		
Phone No		
Table Number		
Type of Reservation	O Breakfast O Lunch O Dinner	
Expected No of Persons		
Status	O Pending O Done	
Sign		

Date_____

RESTAURANT RESERVATION LOG

Time		Notes
Name		
Phone No		
Table Number		
Type of Reservation	O Breakfast O Lunch O Dinner	
Expected No of Persons		
Status	O Pending O Done	
Sign		

RESTAURANT RESERVATION LOG

Time		Notes
Name		
Phone No		
Table Number		
Type of Reservation	O Breakfast O Lunch O Dinner	
Expected No of Persons		
Status	O Pending O Done	
Sign		

Date_____

RESTAURANT RESERVATION LOG		
Time		Notes
Name		
Phone No		
Table Number		
Type of Reservation	O Breakfast O Lunch O Dinner	
Expected No of Persons		
Status	O Pending O Done	
Sign		

RESTAURANT RESERVATION LOG		
Time		Notes
Name		
Phone No		
Table Number		
Type of Reservation	O Breakfast O Lunch O Dinner	
Expected No of Persons		
Status	O Pending O Done	
Sign		

Date_____

RESTAURANT RESERVATION LOG

Time		Notes
Name		
Phone No		
Table Number		
Type of Reservation	O *Breakfast* O *Lunch* O *Dinner*	
Expected No of Persons		
Status	O *Pending* O *Done*	
Sign		

RESTAURANT RESERVATION LOG

Time		Notes
Name		
Phone No		
Table Number		
Type of Reservation	O *Breakfast* O *Lunch* O *Dinner*	
Expected No of Persons		
Status	O *Pending* O *Done*	
Sign		

Date_____

	RESTAURANT RESERVATION LOG	
Time		Notes
Name		
Phone No		
Table Number		
Type of Reservation	O Breakfast O Lunch O Dinner	
Expected No of Persons		
Status	O Pending O Done	
Sign		

	RESTAURANT RESERVATION LOG	
Time		Notes
Name		
Phone No		
Table Number		
Type of Reservation	O Breakfast O Lunch O Dinner	
Expected No of Persons		
Status	O Pending O Done	
Sign		

Date_____

RESTAURANT RESERVATION LOG		
Time		Notes
Name		
Phone No		
Table Number		
Type of Reservation	O *Breakfast* O *Lunch* O *Dinner*	
Expected No of Persons		
Status	O *Pending* O *Done*	
Sign		

RESTAURANT RESERVATION LOG		
Time		Notes
Name		
Phone No		
Table Number		
Type of Reservation	O *Breakfast* O *Lunch* O *Dinner*	
Expected No of Persons		
Status	O *Pending* O *Done*	
Sign		

Date_____

RESTAURANT RESERVATION LOG

Time		Notes
Name		
Phone No		
Table Number		
Type of Reservation	O *Breakfast* O *Lunch* O *Dinner*	
Expected No of Persons		
Status	O *Pending* O *Done*	
Sign		

RESTAURANT RESERVATION LOG

Time		Notes
Name		
Phone No		
Table Number		
Type of Reservation	O *Breakfast* O *Lunch* O *Dinner*	
Expected No of Persons		
Status	O *Pending* O *Done*	
Sign		

Date_____

RESTAURANT RESERVATION LOG		
Time		Notes
Name		
Phone No		
Table Number		
Type of Reservation	O Breakfast O Lunch O Dinner	
Expected No of Persons		
Status	O Pending O Done	
Sign		

RESTAURANT RESERVATION LOG		
Time		Notes
Name		
Phone No		
Table Number		
Type of Reservation	O Breakfast O Lunch O Dinner	
Expected No of Persons		
Status	O Pending O Done	
Sign		

Date_____

RESTAURANT RESERVATION LOG		
Time		Notes
Name		
Phone No		
Table Number		
Type of Reservation	O *Breakfast* O *Lunch* O *Dinner*	
Expected No of Persons		
Status	O *Pending* O *Done*	
Sign		

RESTAURANT RESERVATION LOG		
Time		Notes
Name		
Phone No		
Table Number		
Type of Reservation	O *Breakfast* O *Lunch* O *Dinner*	
Expected No of Persons		
Status	O *Pending* O *Done*	
Sign		

Date_____

RESTAURANT RESERVATION LOG		
Time		Notes
Name		
Phone No		
Table Number		
Type of Reservation	O Breakfast O Lunch O Dinner	
Expected No of Persons		
Status	O Pending O Done	
Sign		

RESTAURANT RESERVATION LOG		
Time		Notes
Name		
Phone No		
Table Number		
Type of Reservation	O Breakfast O Lunch O Dinner	
Expected No of Persons		
Status	O Pending O Done	
Sign		

Date_____

RESTAURANT RESERVATION LOG

Time		Notes
Name		
Phone No		
Table Number		
Type of Reservation	O *Breakfast* O *Lunch* O *Dinner*	
Expected No of Persons		
Status	O *Pending* O *Done*	
Sign		

RESTAURANT RESERVATION LOG

Time		Notes
Name		
Phone No		
Table Number		
Type of Reservation	O *Breakfast* O *Lunch* O *Dinner*	
Expected No of Persons		
Status	O *Pending* O *Done*	
Sign		

Date_____

RESTAURANT RESERVATION LOG

Time		Notes
Name		
Phone No		
Table Number		
Type of Reservation	O *Breakfast* O *Lunch* O *Dinner*	
Expected No of Persons		
Status	O *Pending* O *Done*	
Sign		

RESTAURANT RESERVATION LOG

Time		Notes
Name		
Phone No		
Table Number		
Type of Reservation	O *Breakfast* O *Lunch* O *Dinner*	
Expected No of Persons		
Status	O *Pending* O *Done*	
Sign		

Date_____

RESTAURANT RESERVATION LOG

Time		Notes
Name		
Phone No		
Table Number		
Type of Reservation	O Breakfast O Lunch O Dinner	
Expected No of Persons		
Status	O Pending O Done	
Sign		

RESTAURANT RESERVATION LOG

Time		Notes
Name		
Phone No		
Table Number		
Type of Reservation	O Breakfast O Lunch O Dinner	
Expected No of Persons		
Status	O Pending O Done	
Sign		

Date_____

	RESTAURANT RESERVATION LOG	
Time		Notes
Name		
Phone No		
Table Number		
Type of Reservation	O Breakfast O Lunch O Dinner	
Expected No of Persons		
Status	O Pending O Done	
Sign		

	RESTAURANT RESERVATION LOG	
Time		Notes
Name		
Phone No		
Table Number		
Type of Reservation	O Breakfast O Lunch O Dinner	
Expected No of Persons		
Status	O Pending O Done	
Sign		

Date_____

RESTAURANT RESERVATION LOG

Time		Notes
Name		
Phone No		
Table Number		
Type of Reservation	O Breakfast O Lunch O Dinner	
Expected No of Persons		
Status	O Pending O Done	
Sign		

RESTAURANT RESERVATION LOG

Time		Notes
Name		
Phone No		
Table Number		
Type of Reservation	O Breakfast O Lunch O Dinner	
Expected No of Persons		
Status	O Pending O Done	
Sign		

Date_____

RESTAURANT RESERVATION LOG		
Time		Notes
Name		
Phone No		
Table Number		
Type of Reservation	O *Breakfast* O *Lunch* O *Dinner*	
Expected No of Persons		
Status	O *Pending* O *Done*	
Sign		

RESTAURANT RESERVATION LOG		
Time		Notes
Name		
Phone No		
Table Number		
Type of Reservation	O *Breakfast* O *Lunch* O *Dinner*	
Expected No of Persons		
Status	O *Pending* O *Done*	
Sign		

Date_____

RESTAURANT RESERVATION LOG		
Time		Notes
Name		
Phone No		
Table Number		
Type of Reservation	O Breakfast O Lunch O Dinner	
Expected No of Persons		
Status	O Pending O Done	
Sign		

RESTAURANT RESERVATION LOG		
Time		Notes
Name		
Phone No		
Table Number		
Type of Reservation	O Breakfast O Lunch O Dinner	
Expected No of Persons		
Status	O Pending O Done	
Sign		

Date_____

RESTAURANT RESERVATION LOG

Time		Notes
Name		
Phone No		
Table Number		
Type of Reservation	O Breakfast O Lunch O Dinner	
Expected No of Persons		
Status	O Pending O Done	
Sign		

RESTAURANT RESERVATION LOG

Time		Notes
Name		
Phone No		
Table Number		
Type of Reservation	O Breakfast O Lunch O Dinner	
Expected No of Persons		
Status	O Pending O Done	
Sign		

Date_____

RESTAURANT RESERVATION LOG		
Time		Notes
Name		
Phone No		
Table Number		
Type of Reservation	O Breakfast O Lunch O Dinner	
Expected No of Persons		
Status	O Pending O Done	
Sign		

RESTAURANT RESERVATION LOG		
Time		Notes
Name		
Phone No		
Table Number		
Type of Reservation	O Breakfast O Lunch O Dinner	
Expected No of Persons		
Status	O Pending O Done	
Sign		

Date_____

RESTAURANT RESERVATION LOG

Time		Notes
Name		
Phone No		
Table Number		
Type of Reservation	O Breakfast O Lunch O Dinner	
Expected No of Persons		
Status	O Pending O Done	
Sign		

RESTAURANT RESERVATION LOG

Time		Notes
Name		
Phone No		
Table Number		
Type of Reservation	O Breakfast O Lunch O Dinner	
Expected No of Persons		
Status	O Pending O Done	
Sign		

Date_____

RESTAURANT RESERVATION LOG		
Time		Notes
Name		
Phone No		
Table Number		
Type of Reservation	○ *Breakfast* ○ *Lunch* ○ *Dinner*	
Expected No of Persons		
Status	○ *Pending* ○ *Done*	
Sign		

RESTAURANT RESERVATION LOG		
Time		Notes
Name		
Phone No		
Table Number		
Type of Reservation	○ *Breakfast* ○ *Lunch* ○ *Dinner*	
Expected No of Persons		
Status	○ *Pending* ○ *Done*	
Sign		

Date_____

RESTAURANT RESERVATION LOG		
Time		Notes
Name		
Phone No		
Table Number		
Type of Reservation	O Breakfast O Lunch O Dinner	
Expected No of Persons		
Status	O Pending O Done	
Sign		

RESTAURANT RESERVATION LOG		
Time		Notes
Name		
Phone No		
Table Number		
Type of Reservation	O Breakfast O Lunch O Dinner	
Expected No of Persons		
Status	O Pending O Done	
Sign		

Date_____

RESTAURANT RESERVATION LOG		
Time		Notes
Name		
Phone No		
Table Number		
Type of Reservation	O Breakfast O Lunch O Dinner	
Expected No of Persons		
Status	O Pending O Done	
Sign		

RESTAURANT RESERVATION LOG		
Time		Notes
Name		
Phone No		
Table Number		
Type of Reservation	O Breakfast O Lunch O Dinner	
Expected No of Persons		
Status	O Pending O Done	
Sign		

Date_____

RESTAURANT RESERVATION LOG		
Time		Notes
Name		
Phone No		
Table Number		
Type of Reservation	O Breakfast O Lunch O Dinner	
Expected No of Persons		
Status	O Pending O Done	
Sign		

RESTAURANT RESERVATION LOG		
Time		Notes
Name		
Phone No		
Table Number		
Type of Reservation	O Breakfast O Lunch O Dinner	
Expected No of Persons		
Status	O Pending O Done	
Sign		

Date_____

RESTAURANT RESERVATION LOG

Time		Notes
Name		
Phone No		
Table Number		
Type of Reservation	O Breakfast O Lunch O Dinner	
Expected No of Persons		
Status	O Pending O Done	
Sign		

RESTAURANT RESERVATION LOG

Time		Notes
Name		
Phone No		
Table Number		
Type of Reservation	O Breakfast O Lunch O Dinner	
Expected No of Persons		
Status	O Pending O Done	
Sign		

Date_____

RESTAURANT RESERVATION LOG		
Time		Notes
Name		
Phone No		
Table Number		
Type of Reservation	O Breakfast O Lunch O Dinner	
Expected No of Persons		
Status	O Pending O Done	
Sign		

RESTAURANT RESERVATION LOG		
Time		Notes
Name		
Phone No		
Table Number		
Type of Reservation	O Breakfast O Lunch O Dinner	
Expected No of Persons		
Status	O Pending O Done	
Sign		

Date_____

RESTAURANT RESERVATION LOG

Time		Notes
Name		
Phone No		
Table Number		
Type of Reservation	O Breakfast O Lunch O Dinner	
Expected No of Persons		
Status	O Pending O Done	
Sign		

RESTAURANT RESERVATION LOG

Time		Notes
Name		
Phone No		
Table Number		
Type of Reservation	O Breakfast O Lunch O Dinner	
Expected No of Persons		
Status	O Pending O Done	
Sign		

Date_____

RESTAURANT RESERVATION LOG

Time		Notes
Name		
Phone No		
Table Number		
Type of Reservation	O *Breakfast* O *Lunch* O *Dinner*	
Expected No of Persons		
Status	O *Pending* O *Done*	
Sign		

RESTAURANT RESERVATION LOG

Time		Notes
Name		
Phone No		
Table Number		
Type of Reservation	O *Breakfast* O *Lunch* O *Dinner*	
Expected No of Persons		
Status	O *Pending* O *Done*	
Sign		

Date_____

RESTAURANT RESERVATION LOG			
Time		Notes
Name		
Phone No		
Table Number		
Type of Reservation	O Breakfast O Lunch O Dinner	
Expected No of Persons		
Status	O Pending O Done	
Sign		

RESTAURANT RESERVATION LOG			
Time		Notes
Name		
Phone No		
Table Number		
Type of Reservation	O Breakfast O Lunch O Dinner	
Expected No of Persons		
Status	O Pending O Done	
Sign		

Date_____

RESTAURANT RESERVATION LOG			
Time		Notes	
Name			
Phone No			
Table Number			
Type of Reservation	O Breakfast O Lunch O Dinner		
Expected No of Persons			
Status	O Pending O Done		
Sign			

RESTAURANT RESERVATION LOG			
Time		Notes	
Name			
Phone No			
Table Number			
Type of Reservation	O Breakfast O Lunch O Dinner		
Expected No of Persons			
Status	O Pending O Done		
Sign			

Date_____

|	RESTAURANT RESERVATION LOG	
Time		Notes
Name		
Phone No		
Table Number		
Type of Reservation	O Breakfast O Lunch O Dinner	
Expected No of Persons		
Status	O Pending O Done	
Sign		

|	RESTAURANT RESERVATION LOG	
Time		Notes
Name		
Phone No		
Table Number		
Type of Reservation	O Breakfast O Lunch O Dinner	
Expected No of Persons		
Status	O Pending O Done	
Sign		

Date_____

	RESTAURANT RESERVATION LOG	
Time		Notes
Name		
Phone No		
Table Number		
Type of Reservation	O *Breakfast* O *Lunch* O *Dinner*	
Expected No of Persons		
Status	O *Pending* O *Done*	
Sign		

	RESTAURANT RESERVATION LOG	
Time		Notes
Name		
Phone No		
Table Number		
Type of Reservation	O *Breakfast* O *Lunch* O *Dinner*	
Expected No of Persons		
Status	O *Pending* O *Done*	
Sign		

Date_____

RESTAURANT RESERVATION LOG

Time		Notes
Name		
Phone No		
Table Number		
Type of Reservation	O Breakfast O Lunch O Dinner	
Expected No of Persons		
Status	O Pending O Done	
Sign		

RESTAURANT RESERVATION LOG

Time		Notes
Name		
Phone No		
Table Number		
Type of Reservation	O Breakfast O Lunch O Dinner	
Expected No of Persons		
Status	O Pending O Done	
Sign		

Date_____

RESTAURANT RESERVATION LOG		
Time		Notes
Name		
Phone No		
Table Number		
Type of Reservation	O Breakfast O Lunch O Dinner	
Expected No of Persons		
Status	O Pending O Done	
Sign		

RESTAURANT RESERVATION LOG		
Time		Notes
Name		
Phone No		
Table Number		
Type of Reservation	O Breakfast O Lunch O Dinner	
Expected No of Persons		
Status	O Pending O Done	
Sign		

Date_____

RESTAURANT RESERVATION LOG

Time		Notes
Name		
Phone No		
Table Number		
Type of Reservation	○ Breakfast ○ Lunch ○ Dinner	
Expected No of Persons		
Status	○ Pending ○ Done	
Sign		

RESTAURANT RESERVATION LOG

Time		Notes
Name		
Phone No		
Table Number		
Type of Reservation	○ Breakfast ○ Lunch ○ Dinner	
Expected No of Persons		
Status	○ Pending ○ Done	
Sign		

Date_____

RESTAURANT RESERVATION LOG			
Time		Notes
Name		
Phone No		
Table Number		
Type of Reservation	O *Breakfast* O *Lunch* O *Dinner*	
Expected No of Persons		
Status	O *Pending* O *Done*	
Sign		

RESTAURANT RESERVATION LOG			
Time		Notes
Name		
Phone No		
Table Number		
Type of Reservation	O *Breakfast* O *Lunch* O *Dinner*	
Expected No of Persons		
Status	O *Pending* O *Done*	
Sign		

Date_____

RESTAURANT RESERVATION LOG		
Time		Notes
Name		
Phone No		
Table Number		
Type of Reservation	O Breakfast O Lunch O Dinner	
Expected No of Persons		
Status	O Pending O Done	
Sign		

RESTAURANT RESERVATION LOG		
Time		Notes
Name		
Phone No		
Table Number		
Type of Reservation	O Breakfast O Lunch O Dinner	
Expected No of Persons		
Status	O Pending O Done	
Sign		

Date_____

RESTAURANT RESERVATION LOG			
Time		Notes
Name		
Phone No		
Table Number		
Type of Reservation	O *Breakfast* O *Lunch* O *Dinner*	
Expected No of Persons		
Status	O *Pending* O *Done*	
Sign		

RESTAURANT RESERVATION LOG			
Time		Notes
Name		
Phone No		
Table Number		
Type of Reservation	O *Breakfast* O *Lunch* O *Dinner*	
Expected No of Persons		
Status	O *Pending* O *Done*	
Sign		

Date_____

RESTAURANT RESERVATION LOG

Time		Notes
Name		
Phone No		
Table Number		
Type of Reservation	O *Breakfast* O *Lunch* O *Dinner*	
Expected No of Persons		
Status	O *Pending* O *Done*	
Sign		

RESTAURANT RESERVATION LOG

Time		Notes
Name		
Phone No		
Table Number		
Type of Reservation	O *Breakfast* O *Lunch* O *Dinner*	
Expected No of Persons		
Status	O *Pending* O *Done*	
Sign		

Date_____

RESTAURANT RESERVATION LOG

		Notes
Time		
Name		
Phone No		
Table Number		
Type of Reservation	O Breakfast O Lunch O Dinner	
Expected No of Persons		
Status	O Pending O Done	
Sign		

RESTAURANT RESERVATION LOG

		Notes
Time		
Name		
Phone No		
Table Number		
Type of Reservation	O Breakfast O Lunch O Dinner	
Expected No of Persons		
Status	O Pending O Done	
Sign		

Date_____

	RESTAURANT RESERVATION LOG	
Time		Notes
Name		
Phone No		
Table Number		
Type of Reservation	O *Breakfast* O *Lunch* O *Dinner*	
Expected No of Persons		
Status	O *Pending* O *Done*	
Sign		

	RESTAURANT RESERVATION LOG	
Time		Notes
Name		
Phone No		
Table Number		
Type of Reservation	O *Breakfast* O *Lunch* O *Dinner*	
Expected No of Persons		
Status	O *Pending* O *Done*	
Sign		

Date_____

RESTAURANT RESERVATION LOG

Time		Notes
Name		
Phone No		
Table Number		
Type of Reservation	O Breakfast O Lunch O Dinner	
Expected No of Persons		
Status	O Pending O Done	
Sign		

RESTAURANT RESERVATION LOG

Time		Notes
Name		
Phone No		
Table Number		
Type of Reservation	O Breakfast O Lunch O Dinner	
Expected No of Persons		
Status	O Pending O Done	
Sign		

Date_____

	RESTAURANT RESERVATION LOG	
Time		Notes
Name		
Phone No		
Table Number		
Type of Reservation	O Breakfast O Lunch O Dinner	
Expected No of Persons		
Status	O Pending O Done	
Sign		

	RESTAURANT RESERVATION LOG	
Time		Notes
Name		
Phone No		
Table Number		
Type of Reservation	O Breakfast O Lunch O Dinner	
Expected No of Persons		
Status	O Pending O Done	
Sign		

Date_____

RESTAURANT RESERVATION LOG		
Time		Notes
Name		
Phone No		
Table Number		
Type of Reservation	O Breakfast O Lunch O Dinner	
Expected No of Persons		
Status	O Pending O Done	
Sign		

RESTAURANT RESERVATION LOG		
Time		Notes
Name		
Phone No		
Table Number		
Type of Reservation	O Breakfast O Lunch O Dinner	
Expected No of Persons		
Status	O Pending O Done	
Sign		

Date_____

RESTAURANT RESERVATION LOG

Time		Notes
Name		
Phone No		
Table Number		
Type of Reservation	O Breakfast O Lunch O Dinner	
Expected No of Persons		
Status	O Pending O Done	
Sign		

RESTAURANT RESERVATION LOG

Time		Notes
Name		
Phone No		
Table Number		
Type of Reservation	O Breakfast O Lunch O Dinner	
Expected No of Persons		
Status	O Pending O Done	
Sign		

Date_____

RESTAURANT RESERVATION LOG		
Time		Notes
Name		
Phone No		
Table Number		
Type of Reservation	O *Breakfast* O *Lunch* O *Dinner*	
Expected No of Persons		
Status	O *Pending* O *Done*	
Sign		

RESTAURANT RESERVATION LOG		
Time		Notes
Name		
Phone No		
Table Number		
Type of Reservation	O *Breakfast* O *Lunch* O *Dinner*	
Expected No of Persons		
Status	O *Pending* O *Done*	
Sign		

www.ingramcontent.com/pod-product-compliance
Lightning Source LLC
Chambersburg PA
CBHW050117230526
45470CB00004B/1878